Poświęcony Stephanie

TO JEST KSIĄŻKA O KURCZAKACH...

I ZABAWNE RZECZY, KTÓRE ROBIĄ!!

JAKBY PAMIĘTALI
TWARZE...

NA PEWNO CIĘ ZAPAMIĘTAJĄ!

A KURCZAKI SĄ BARDZO SPRYTNE!

MĄDRY JAK DWULATEK!

KURCZAKI WIDZĄ KOLORY TAKIE JAK CZERWONY, NIEBIESKI I ZIELONY...

KURCZAKI TO W WIĘKSZOŚCI ŁAGODNE STWORZENIA... CO OZNACZA, ŻE NIE SĄ WREDNE!

NOWONARODZONE PISKLĘTA MOGĄ PRZEMIESZCZAĆ SIĘ MIĘDZY RZECZAMI...

I WIDZĄ I DZIOBIĄ MAŁE NASIONA, KIEDY JEDZĄ...

ZWŁASZCZA, GDY DOSTAJĄ SMAKOŁYKI!

TERAZ NADSZEDŁ CZAS, ABYŚMY ZROBILI... TO, CO MOŻE ZROBIĆ TYLKO KOGUT...

SKOK, SKOK, SKOK I POWIEDZMY COCK-A-DOODLE-DO!!

KURY SĄ MATKAMI I ROZMAWIAJĄ ZE SWOIMI PISKLĘTAMI, ZANIM SIĘ URODZĄ!

MOŻE NAWET ZAŚPIEWAĆ KOŁYSANKĘ...

NAWET JEŚLI KURCZAKI MAJĄ SKRZYDŁA...

NIEKTÓRE KURCZAKI NIE POTRAFIĄ LATAĆ...

NIEKTÓRE KURCZAKI POTRAFIĄ SKAKAĆ - ALE NIE TAK DOBRZE JAK KRÓLICZKI!

NIEKTÓRE KURCZAKI POTRAFIĄ SKAKAĆ - ALE WYGLĄDA TO TROCHĘ ŚMIESZNIE!

KURCZAKI MOGĄ SIĘ ŚMIAĆ... ALBO RECHOTAĆ...

NIEKTÓRYM MOŻE SPODOBAĆ SIĘ ZJEDZENIE JABŁKA!

KOGUTY ŚPIEWAJĄ SWOJĄ SPECJALNĄ PIOSENKĘ...

KAŻDEGO RANKA,
GDY WSCHODZI
SŁOŃCE...

ZAŚPIEWAJMY TO WSZYSCY!

SKOK, SKOK, SKOK I POWIEDZ COCK-A-DOODLE-DO!

MOŻE SIĘ OKAZAĆ, ŻE TO ŚWIETNA ZABAWA...

KAŻDEGO RANKA MOŻESZ CHCIEĆ ZIEWNĄĆ I ROZCIĄGNĄĆ SIĘ...

I JAK KOGUT...

SKOK, SKOK, SKOK I POWIEDZ COCK-A-DOODLE-DO!

I

MÓWIĄC COCK-A-DOODLE-DO!!

INNE KSIĄŻKI Z SERII JUMP PO POLSKU:
SKOK JAK KARIBU!

WIĘCEJ KSIĄŻEK DOSTĘPNYCH W INNYCH
JĘZYKACH:

JUMP LIKE A CARIBOU!
JUMP LIKE A KANGAROO!
JUMP AT THE ZOO! JUMP AND SAY P.U.!
JUMP AND SAY BOO!
JUMP AND SAY VALENTINE'S DAY IS FOR KIDS
TOO! JUMP AND LOOK FOR A CLUE! JUMP AND
SAY HAPPY BIRTHDAY TO YOU! JUMP FOR
EVERYTHING BLUE! JUMP, HOP AND SAY HAPPY
EASTER TO YOU!
JUMP AND SAY COCK-A-DOODLE-DO!
JUMP AND SING DA-DO-DO-DO! JUMP AND ASK
WHO?
WHO? JUMP AND SQUAWK LIKE A COCKATOO!
JUMP AND ASK IS IT YOU OR EWE?
JUMP AND SAY THERE'S AN EWWW IN MY
STEW!
JUMP AND SAY MERRY CHRISTMAS TO YOU!

JUMP AND CHEER HAPPY NEW YEAR! JUMP
AND SAY THERE'S A MOO-MOO IN A TUTU!
JUMP AND SAY THERE'S A HARE IN MY HAIR!
JUMP AND SAY MY AUNT ATE AN ANT!
JUMP AND SAY THERE'S AN AARDVARK IN THE
AMUSEMENT PARK!
JUMP AND ROAR FOR THE DINOSAURS!
JUMP AND BUZZ LIKE A BEE!
JUMP AND FLUTTER LIKE A BUTTERFLY!
JUMP AND POP LIKE POPCORN!
JUMP AND RIBBIT LIKE A FROG!
JUMP AND SNORE LIKE A KOALA!
JUMP AND SNUFFLE LIKE A PLATYPUS!
JUMP AND GRUNT LIKE A GROUNDHOG!

CLAP FOR SERIES: CLAP FOR 1, 2, 3, 4, 5, 6, 7, 8,
9, 10

THE CAT WHO SAID HELLO
THE THREE BOULDERS
BILLY SHAKESPEARE/BILLIE SHAKESPEARE
LEARN TO DRAW WITH SYMMETRY
ABC MORE LEARN TO DRAW WITH SYMMETRY